MÉMOIRE

SUR

LES ANCIENS MONUMENTS

DU

DROIT DE LA HONGRIE

PAR

Rodolphe DARESTE
MEMBRE DE L'INSTITUT

ORLÉANS
IMPRIMERIE PAUL GIRARDOT
VIS-A-VIS DU MUSÉE
1885

MÉMOIRE

SUR

LES ANCIENS MONUMENTS

DU

DROIT DE LA HONGRIE

PAR

Rodolphe DARESTE

MEMBRE DE L'INSTITUT

ORLÉANS

IMPRIMERIE PAUL GIRARDOT

VIS-A-VIS DU MUSÉE

1885

EXTRAIT DU COMPTE-RENDU

De l'Académie des Sciences morales et politiques

(INSTITUT DE FRANCE)

Par M. Ch. VERGÉ,

Sous la direction de M. le Secrétaire perpétuel de l'Académie.

MÉMOIRE

SUR

LES ANCIENS MONUMENTS

DU

DROIT DE LA HONGRIE (1)

On lit dans la chronique anonyme des Hongrois (2) qu'après une grande bataille gagnée sur les Grecs et les Bulgares le chef Magyar Arpad, et son armée, s'arrêtèrent

(1) On peut consulter les ouvrages suivants :

Endlicher, *Monumenta Arpadiana*, Sangalli, 1849. Kovachich, *Formulæ solennes styli in cancellaria curiaque regum*, Pesth, 1799. — *Vestigia comitiorum apud Hungaros*, Pesth, 1790-1806. — *Codex authenticus juris tavernicalis*, Bude, 1803. *Corpus juris hungarici*, dernière édition, Bude, 1846. Contient l'ouvrage de Verboci: *Opus tripartitum.* Kelemen *historia juris hungarici*, 1818. Hajnik Imre, *Magyar alkotmany és jogtörténelem*, Pesth, 1872 (*Histoire des institutions et du droit chez les Magyars*). Schuler Libloy, *Siebenburgische Rechtsgeschichte*, histoire du droit en Transylvanie), 2e éd., Hermannstadt, 1867-1868.

L'histoire de Hongrie la plus complète est celle de Fessler, refaite par Ernest Klein, 5 vol. in 8°, Leipzig, 1867 et suiv. L'ouvrage est écrit en allemand, mais par un Hongrois, et au point de vue national.

La collection intitulée *Monumenta Hungariæ historica,* actuellement publiée par l'Académie royale de Budapest, contient un très grand nombre de chartes et d'actes de tout genre intéressants pour l'histoire du droit.

(2) *Anonymi gesta Hungarorum*, 40, dans Endlicher, p. 36.

au bord du lac de Curtueltou, près de la forêt Gemelsen, et y restèrent trente-quatre jours. Cette assemblée mit en ordre les coutumes nationales, régla les droits de chacun et les services qui pouvaient être exigés, déclara enfin comment la justice serait rendue pour chaque espèce de crime. Cela se passait en 895, au moment même où le vaste et fertile pays situé entre les Carpathes, le Danube et la Save venait d'être conquis par les Magyars. Un autre chroniqueur, qui écrivait vers l'an 1200, Simon de Keza, nous apprend qu'avant d'entrer dans ce pays les Hongrois avaient remis le commandement à un chef suprême, investi du droit de maintenir la discipline et de punir tous les crimes, avec cette restriction toutefois que si ses jugements étaient injustes, ils pourraient être cassés, et lui-même déposé par l'Assemblée nationale. Celle-ci devait être convoquée périodiquement. Tous les Hongrois étaient tenus de se rendre en armes au lieu désigné. Celui qui ne comparaissait pas, et n'avait pas d'excuse valable, était tué à coups de couteau ou réduit en esclavage (1). Werboczi qui écrivait au XVIe siècle, et dont nous reparlerons bientôt, rapporte la même coutume, à peu près dans les mêmes termes, et ajoute que le héraut chargé de la convocation portait un glaive ensanglanté (2).

Un siècle plus tard, en l'an 1000, le chef de la nation hongroise, Étienne, un descendant d'Arpad, était proclamé roi dans la ville de Gran, et les prélats mettaient sur sa tête la couronne envoyée de Rome par le pape. La nation hongroise embrassait le christianisme, renonçait à parcourir l'Europe les armes à la main, et prenait place parmi les nations civilisées. Ces guerriers nomades, venus des montagnes de l'Oural et des bords de l'Irtych, s'étaient mis à cultiver la terre et devenaient à leur tour un boulevard de

(1) Simonis de Keza *gesta Hunnorum*, 2, dans Endlicher, p. 89.
(2) Werboczi, *opus tripartitum*, I, 3.

la chrétienté contre les invasions des populations orientales. Le régime militaire du temps de la conquête ne leur suffisait plus. Il faisait place à des lois écrites, acceptées par l'Assemblée nationale. Celles qui furent ainsi portées sous le régime de saint Étienne (997-1038) ont été recueillies, sans doute par quelque clerc, secrétaire du Roi, et forment deux livres dont le premier contient 35 articles et le second 21. C'est le plus ancien monument de la législation hongroise, et le premier acte du *Corpus juris hungarici.*

Remarquons, tout d'abord, le caractère de l'œuvre de saint Étienne. Les peuples germaniques avaient commencé par rédiger leurs anciennes coutumes. Chez eux la législation proprement dite n'était venue que plus tard. En Hongrie, au contraire, l'acte primitif est une loi, un produit réfléchi de la volonté nationale, qui a sans doute ses éléments dans le passé, mais qui les transforme et crée ainsi un ordre de choses nouveau. Ailleurs, et autrefois, l'État a pu jouer entre les individus le rôle d'un simple arbitre ; en Hongrie, dès le premier jour, il parle en maître, et en maître assez fort pour se faire obéir.

Cette différence est d'autant plus remarquable que la hiérarchie sociale est la même. On distingue, en Hongrie comme en Allemagne, les nobles, les simples hommes libres et les esclaves. La noblesse est formée par l'élite de l'armée conquérante. Les esclaves sont des captifs ou des condamnés. Quant aux hommes libres ils comprennent la masse du peuple et les affranchis. D'après les services et les redevances dont ils sont chargés, soit envers le Roi, soit envers les seigneurs, ils prennent des noms différents, *udvornici, jobagiones*; la force des choses les met plus ou moins dans la dépendance des seigneurs, mais ils restent toujours libres de leur personne, et peuvent toujours aller s'établir où il leur plaît. Les plus indépendants sont les habitants des villes et les hôtes ou colons appelés de l'étranger pour peupler les lieux déserts ou abandonnés. Ces hôtes sont toujours protégés par une charte, qui règle les conditions de leur établissement. A ces diverses classes de la société, saint Étienne en ajoute une nouvelle, le clergé, qui, par ses richesses et ses lumières, acquiert rapidement une grande autorité et devient un pouvoir politique.

Entre ces diverses classes les terres sont inégalement réparties. Au moment de la conquête, les Magyars se divisaient en cent et quelques tribus, dont chacune était formée de plusieurs familles, constituées sous un régime patriarcal. Le cantonnement eut lieu par familles ; on laissa aux chefs le soin de faire, entre leurs subordonnés, des répartitions plus ou moins précaires. Une grande partie des terres resta en dehors de ces opérations, et forma le domaine de l'État. C'est sur ce domaine que furent prises les dotations du clergé, et les récompenses accordées par le chef de la nation à ceux de ses compagnons qui l'avaient le mieux servi. Ainsi s'introduisit le régime féodal, en Hongrie comme ailleurs, avec cette différence toutefois que la royauté hongroise était plus forte, que par suite le pouvoir des seigneurs fut plus contrôlé et moins oppressif. Dès le règne de saint Étienne le roi nomme et révoque les fonctionnaires chargés de l'administration des comitats, ou bailliages. Il a ainsi en sa main la justice, l'armée et les finances, et tous les nobles sont justiciables de sa cour.

Sur les 56 articles dont se compose le décret de saint Étienne il y en a quinze qui concernent la religion. Les biens de l'église et les droits des évêques sur ces biens sont déclarés inviolables. Les clercs ne peuvent être accusés que devant les tribunaux ecclésiastiques et le témoignage d'un laïque n'est pas reçu contre eux. La loi prescrit l'entretien du clergé par le peuple, l'observation du dimanche, des quatre-temps et du carême. Ceux qui n'observent pas le jeûne sont enfermés pendant une semaine, au pain et à l'eau. Ceux qui ne se rendent pas à l'église le dimanche sont fouettés et tondus, à l'exception de ceux qui restent pour garder les feux. Celui qui travaille le dimanche est puni par la confiscation de son bœuf, de son cheval, de ses outils, suivant les cas, et le bœuf est donné à manger aux gens du village. Ceux qui laissent mourir leurs parents sans confession sont aussi condamnés au jeûne. Enfin ceux qui refusent d'observer le christianisme sont soumis à l'autorité ecclésiastique qui a le droit de leur imposer des pénitences jusqu'à sept fois. A la huitième fois c'est le Roi qui intervient et qui punit. Tout le monde est tenu d'assister à l'office divin. Ceux qui n'écoutent pas sont expulsés, ou même fouettés et tondus, suivant leur qualité.

Il doit y avoir une église par dix *villæ*. Les habitants sont tenus de construire l'église et de lui donner deux domaines, deux serfs, un cheval et une jument, six bœufs et deux vaches, et trente têtes de menu bétail. Les vêtements et costumes sont fournis par le Roi; le prêtre et les livres par l'évêque. Tout le monde doit, en outre, payer la dîme. Ceux qui s'y refusent sont traités comme voleurs.

Après le droit ecclésiastique vient le droit criminel. La loi définit les crimes, fixe les peines et institue un tarif de compositions. Au premier abord on croirait que les Magyars prenant pour modèle les lois germaniques ont suivi la tradition que nous avons rencontrée chez tous les peuples Aryens. Ce serait se méprendre grandement. Les Magyars n'étaient point d'origine âryenne. Ce n'est pas chez les Germains ni chez les Grecs qu'il faut chercher les origines de leur droit. On leur trouverait plutôt des affinités avec les nations de l'Asie orientale. La composition, chez eux, n'est pas le prix du sang versé. Elle représente la valeur de la vie du coupable qui est admis à se racheter. L'idée, comme on le voit, est toute différente de celle qui a prévalu dans le reste de l'Europe.

Le meurtrier volontaire peut racheter sa tête en payant cinquante sous d'or au Roi, cinquante aux parents de la victime et dix aux arbitres ou médiateurs qui ont reconcilié les deux familles. Le meurtrier involontaire ne paye que dix sous d'or. Telle est la règle, mais les circonstances qui modifient le crime modifient aussi la peine. Par exemple si un meurtre a été commis sur un esclave, soit par un esclave appartenant à un autre maître, soit par un homme libre, la loi permet dans le premier cas l'abandon noxal, et se contente, dans le second cas, du remplacement de l'esclave tué. Le mari qui tue sa femme doit payer aux parents de celle-ci une composition en têtes de bétail, variable suivant la qualité du meurtrier. Le noble (*comes*) doit cinquante bœufs, le soldat (*miles*) en doit dix, le vilain (*vulgaris*) en doit cinq.

Celui qui tire l'épée du fourreau pour frapper est égorgé avec la même épée. Mais s'il n'a pas frappé il peut se racheter en payant seulement la moitié de la composition ordinaire.

Pour les simples blessures la peine est le talion. Mais si le blessé guérit, le coupable peut se racheter en payant la composition ordinaire du meurtre.

Le parjure a la main coupée. Il peut la racheter en payant une amende de cinquante ou de douze bœufs, suivant qu'il est *unus valentium* ou un simple *vulgaris*.

Viennent ensuite une série de dispositions relatives aux rapports des seigneurs entre eux. La loi interdit de faire affranchir les esclaves d'autrui en les présentant comme siens, ou de réduire un homme libre en servitude, ou de débaucher les tenanciers établis dans une seigneurie soit à titre de soldats, *milites*, soit à titre d'hôtes, *hospites*. Le seigneur a sur eux un droit de poursuite et de revendication. Toute infraction à ces défenses est frappée d'une amende en bœufs, dont la plus grande partie revient au Roi et le reste au seigneur lésé.

Le ravisseur d'une fille est tenu de la rendre aux parents de celle-ci, et de payer une amende de dix ou de cinq bœufs suivant qu'il est riche ou pauvre.

Un homme libre ne peut épouser une esclave qu'en devenant esclave lui-même. Tout commerce illicite avec une femme esclave est puni pour la première fois du fouet; pour la seconde fois du fouet et de la tonsure ; pour la troisième fois de la perte de la liberté. Si le coupable est un esclave, il est vendu, et le prix partagé entre les deux seigneurs.

Le coupable du crime d'incendie restitue l'édifice et les meubles brûlés, et paye en outre une amende de 16 bœufs, qui valent 40 sous.

Les attaques de maisons, à main armée sont punies d'une amende de 100, 10 ou 5 bœufs suivant que le crime a lieu de seigneur à seigneur, ou de *miles* à *miles*, ou de vilain à vilain.

La sorcellerie, l'emploi de sortilèges et maléfices sont punis de peines canoniques. En cas de récidive le coupable est livré au Roi ou même à la partie lésée qui en fait sa volonté.

Le vol est puni de peines différentes suivant la qualité du voleur. Si c'est un homme libre il est vendu comme esclave, à moins qu'il ne se rachète. La seconde fois il est traité comme esclave voleur, la troisième fois il est mis à mort.

L'esclave voleur est traité comme il suit : la première fois on lui coupe le nez, à moins qu'il ne paye cinq bœufs ; la seconde fois il perd les oreilles, à moins qu'il ne les rachète au même prix ; la troisième fois il est mis à mort.

La femme mariée qui commet un vol peut être rachetée deux fois par son mari, mais à la troisième fois elle est vendue en esclavage.

Le seigneur qui abuse de son pouvoir pour enlever quelque chose à un *miles* restitue au double ce qu'il a pris.

Le crime de conspiration contre le Roi ou le royaume

entraîne l'excommunication. Le régicide, la trahison, la rébellion sont punis de mort, et les biens du coupable sont confisqués, mais non au préjudice des enfants.

La calomnie contre le Roi est punie de mort ; contre toute autre personne, le coupable a la langue coupée, à moins qu'il ne paye suivant les cas une ou deux compositions.

L'esclave n'est pas reçu à témoigner en justice contre son maître. Il en est de même de l'*udvornik*.

Le *miles* peut appeler, au Roi, de la sentence rendue par le seigneur, mais, si son appel est mal fondé, il paye au seigneur une amende de dix sous d'or.

Le droit criminel tient, comme on le voit, la plus grande place dans le décret de saint Etienne, comme dans toutes les législations primitives. Le droit civil n'est représenté que par quelques articles, mais d'une importance capitale.

Et d'abord toutes les propriétés, celles du Roi comme celles des particuliers, sont déclarées inviolables; en d'autres termes toutes les concessions de terres faites après la conquête sont reconnues définitives et irrévocables, ce ne seront pas seulement des bénéfices viagers. Chacun a le droit de disposer de ses biens comme il l'entend, de les laisser à sa femme, à ses enfants, à ses collatéraux ou à l'église. Ainsi la propriété est héréditaire et peut-être transmise à titre gratuit, soit par donation entre vifs, soit même par testament. Telle est du moins l'interprétation généralement adoptée en Hongrie. C'est dans cette disposition du décret de saint Étienne que les Magyars trouvent encore aujourd'hui la base légale du droit de tester.

D'autres articles favorisent les affranchissements et assurent la condition des veuves. L'affranchissement non solennel, c'est-à-dire passé devant témoins, mais sans intervention du Roi ou de son représentant est déclaré irrévocable. Alors même qu'il n'y a pas eu d'acte passé devant témoins, la liberté promise peut être maintenue sur la seule déclaration de la veuve et des fils du maître décédé.

La veuve qui reste avec des fils et des filles, et s'engage à les nourrir et à vivre avec eux, garde les biens, et personne ne peut la contraindre à se remarier. Si au contraire elle laisse ses enfants et se remarie, elle rend tous les biens et ne garde que ses hardes. La veuve qui reste sans enfants et promet de ne se point remarier conserve tous les biens, sa vie durant, et peut même en disposer, mais après sa mort tout revient aux parents du mari, et, à leur défaut, au Roi.

La femme abandonnée par son mari, qui est allé s'établir hors du royaume, est traitée comme la veuve, et peut se remarier aux mêmes conditions. Si le mari revient, il peut aussi se marier avec une autre femme, mais seulement avec le consentement de l'évêque. Ainsi le droit canonique admettait ou tolérait alors la dissolution du mariage par l'absence de l'un des époux.

L'esclavage n'est pas supprimé, mais on voit qu'il va bientôt disparaître. Saint Étienne a donné la liberté à tous les esclaves chrétiens de ses domaines. Il déclare que toute personne peut racheter et affranchir les esclaves d'autrui. Sur le prix un tiers revient au maître, un tiers au comte et un tiers au Roi.

Telles sont les principales dispositions du décret de saint Étienne. A la fin du XIe siècle un autre roi, qui fut aussi un saint, Ladislas, compléta l'œuvre de son prédécesseur. Les lois de Ladislas qui règna de 1077 à 1095 ont été réunies en trois décrets ou livres, dont le premier, en 43 articles, est surtout consacré au droit canonique. On y trouve cependant une règle importante de procédure : celui qui fait défaut devant la cour du Roi, soit comme demandeur, soit comme défendeur, perd son procès et encourt une amende dans un cas, la restitution au double dans l'autre.

Le second décret de Ladislas contient seize articles et le

troisième trente. Il n'y est guère question que du vol, sous toutes ses formes. La répression devient plus énergique et se rapproche davantage des conceptions du droit primitif. Celui qui prend un voleur sur le fait, lui liera les mains et le traînera devant le juge, qui punira sur l'heure, sans autre forme de procès. Tout ce que la loi exige c'est que le voleur soit remis au juge dans les quatre jours, sous peine d'amende. Celui dont les bêtes ont été volées et qui les suit à la trace a le droit de perquisition dans le village où les traces aboutissent. Pour couper court à l'industrie des recéleurs, il est interdit de vendre ailleurs qu'au marché, devant le juge et le péager, en présence de témoins. Si l'objet volé est de peu de valeur, une oie, par exemple, ou une poule, on se contente d'arracher un œil au voleur, mais en général il est pendu sans merci, à moins qu'il ne trouve asile dans une église, auquel cas il a la vie sauve, mais les yeux crevés. Si l'objet volé vaut plus de dix deniers le voleur homme libre restitue douze fois cette valeur et paye en outre une amende d'un bœuf, le voleur esclave restitue le double, et a le nez coupé. Par mesure préventive le commerce des bœufs et des chevaux est presque complètement interdit sur les frontières du royaume. Ce qu'on vend à l'étranger est présumé parvenir d'un vol.

La loi ne se montre pas difficile en fait de preuve. La clameur publique suffit. Qu'un village tout entier dénonce tel ou tel comme voleur de profession, l'affaire est portée devant le juge, et, s'il y a condamnation, tous les biens du malheureux sont confisqués, les trois quarts au profit du roi, le reste au profit des habitants du village qui a exercé la poursuite. La clameur publique n'est même pas nécessaire si un village est suspect comme donnant asile à des voleurs. Le commissaire du roi s'y transporte, partage les habitants par groupes de dix, et prend et juge un homme de chaque groupe. Si cet homme est innocent, les neuf autres le sont aussi, mais s'il est condamné, la peine subie par lui ne libère pas les autres. Ils y passent tous jusqu'à ce qu'il se trouve un innocent.

Au XIᵉ siècle ces dispositions paraissaient déjà rigoureuses. Au XIIIᵉ elles étaient devenues intolérables. Elles furent expressément abrogées par la Bulle d'or, la grande charte de la Hongrie, promulguée sous le règne d'André II, à deux reprises, en 1222 et 1235. Cette charte qui forme encore aujourd'hui la base du droit public de la Hongrie, qui a défini les pouvoirs du roi, de la noblesse et du clergé, et qui a proclamé, comme suprême garantie constitutionnelle, le droit de résistance, abolit toute poursuite criminelle par la clameur publique. Nul, désormais, ne pourra être arrêté ni mis à mort autrement que par jugement. Les femmes et les enfants ne pourront être vendus pour le crime de leur mari ou de leur père. En cas de condamnation capitale le roi peut confisquer les biens et les distribuer à qui il lui plaît, mais il ne peut les faire incendier, et la femme du condamné a toujours le droit de reprendre sa dot. Les grands principes du droit criminel, trop longtemps méconnus, ne pourront plus être mis en oubli car ils sont incorporés dans la Constitution. En même temps on voit apparaître dans la Bulle d'or une règle de droit civil qui, à elle seule, révélerait déjà l'avènement d'une ère nouvelle. A défaut de fils, la fille hérite. Il est vrai qu'elle n'hérite pas pour le tout. Tandis que le droit primitif ne lui accordait qu'une dot, désormais, à défaut de fils, elle prendra les biens de la succession jusqu'à concurrence du quart. Le reste passera aux collatéraux, et, à défaut de ceux ci, au Roi.

A côté de ces lois générales on trouve un grand nombre de chartes locales, accordées par le Roi aux bourgeois d'une ville ou aux colons d'un district. Ces chartes assurent aux habitants la libre disposition de leurs personnes et de leurs biens, et règlent avec précision les obligations et redevances auxquelles ils sont assujétis. Ils élisent leur maire qui est aussi leur juge et siége avec douze jurés. Le duel judiciaire est aboli et toutes les affaires se terminent *duodecim hominum juramento.* (1) La charte de fondation de la ville d'Agram (1242) établit une échelle de composition pour tous les délits contre les personnes, et pose en principe qu'en cas de vol, le seigneur de la terre où le vol a été commis est tenu de rendre la chose volée ou de faire connaître le voleur. Une autre charte, donnée aux *hospites* de Cosue (1270) maintient le talion pour les cas de meurtre ou de blessures emportant mutilation et dispose pour toutes autres blessures, ainsi qu'il suit :

« Si un hôte se prend de querelle avec un autre, se jette sur lui et le frappe, il payera autant de fois soixante deniers qu'il y a de pas entre les deux maisons.

« En cas de blessure faite avec une épée le coupable payera autant de fois soixante deniers que la blessure a de pouces de profondeur.

« Celui qui frappe un autre avec un couteau, a la main percée, en plein marché, avec le même couteau. »

Les lois ne disent jamais tout, et cela est vrai des lois de la Hongrie. Avec elles on devine, plutôt qu'on ne connaît, l'état social du pays. Heureusement d'autres documents nous sont parvenus, plus riches que partout ailleurs, sur l'administration de la justice civile et criminelle dans les premières années du XIIIe siècle. Les registres des anciennes Cours ne remontent guère en France qu'au commencement du XIVe siècle. En Angleterre et en Allemagne on n'en a pas trouvé de plus anciens. C'est donc une singulière bonne fortune qui nous fait rencontrer en Hongrie un registre commençant en l'an 1209 et finissant en 1235.

Ce registre est celui de la justice du chapitre épiscopal de Varad, entre la Hongrie et la Transylvanie (en allemand

(1) On trouve cependant le duel judiciaire expressément maintenu dans la charte de Bistricz en 1255.

Gross-Waradein) (1). Il contient 389 jugements, dont 9 seulement sont datés, rangés dans un ordre qui n'est pas l'ordre chronologique. Le copiste aura sans doute transcrit les actes à mesure qu'ils lui tombaient sous la main. Ce sont plutôt les jugements de Dieu que les jugements du chapitre, car dans les neuf dixièmes des cas l'affaire est décidée par l'épreuve du fer rouge. Voici comment se passaient les choses :

En toute matière, civile ou criminelle, les parties comparaissent d'abord devant le juge du comitat, ou devant le juge délégué par le Roi. Ce juge entend les parties, vérifie les titres et reçoit les témoignages. Mais souvent la preuve fait défaut et il n'y a dans l'affaire que des présomptions insuffisantes. Le juge ordonne alors que les parties subiront l'épreuve du jugement de Dieu. Un officier de justice, une sorte de sergent, *pristaldus*, est chargé de conduire les parties, ou de les faire rendre à Varad, dans un certain délai et de les présenter au chapitre de Varad. En effet, aux termes de l'article 22 du décret du roi Coloman, (qui date de l'an 1100 environ) l'épreuve du jugement de Dieu ne peut avoir lieu que dans les églises épiscopales et dans les grandes prévôtés, ainsi qu'à Presbourg et à Nitria (Nyitra, sur la Neithra) (2).

Sur le rapport du pristald, le tribunal procède à l'épreuve. Celle des deux parties qui doit la subir a déjà été désignée par le juge, tantôt le demandeur, tantôt le défendeur, sui-

(1) Le registre de Varad a été imprimé pour la première fois à Kolosvar en 1540. Mais l'édition fut presque entièrement détruite. En 1740 Mathias Bel inséra le registre, avec un commentaire dans son *apparatus ad historiam Hungariæ*. Enfin Endlicher l'a réimprimé en 1849, à la suite des *monumenta Arpadiana*.

(2) *Judicium ferri et aquæ in aliqua ecclesia fieri interdicimus, nisi in sede episcopali et majoribus præposituris, necnon Posonii et Nitriæ.*

vant la vraisemblance de leurs allégations respectives. Après avoir jeûné pendant trois jours, le patient reçoit la communion. On lui met ensuite dans la main un fer rouge qu'il porte quelques pas plus loin, puis on enferme cette main dans un sac scellé du sceau du chapitre. Quelques jours après, le sac est enlevé, après que les sceaux ont été vérifiés et reconnus intacts. Le tribunal reconnaît de ses yeux s'il y a ou non trace de brûlure, et tout est dit. Tous les jugements se terminent par l'une de ces deux formules : *portato ferro combustus est, portato ferro justificatus est.* On exécute ensuite la condamnation civile déjà prononcée éventuellement, ou la peine portée par la loi. Ainsi dans une affaire de vol (n° 67) quatre des six accusés sont immédiatement pendus, *portato ferro combusti sunt et suspensi.*

On serait tenté de supposer que l'épreuve devait être subie par la partie en personne. On trouve cependant un grand nombre d'affaires où le patient n'est qu'un mandataire ou représentant de la partie. On admet, par exemple, pour plusieurs cointéressés un seul d'entre eux, un frère pour son frère malade, accusé de meurtre (n° 90), un fils pour sa mère trop âgée (n° 2). En matière de revendication c'est au garant et non au garanti que l'épreuve est imposée (n°s 249, 265, 274).

Très souvent, au moment où l'épreuve va commencer, un arrangement intervient. La peur saisit le patient, ou même son adversaire ; elle amène suivant les cas un aveu, un désistement ou une transaction. Souvent aussi l'une des parties fait défaut. Dans aucun de ces cas l'épreuve ne peut avoir lieu. Quelquefois la partie se désiste après l'épreuve, mais avant l'ouverture du sac.

Il arrive quelquefois que le patient veut user de fraude. Dans une affaire où il s'agissait d'une simple dette de trois fertons, la moitié d'un mark, le défendeur, au moment de subir l'épreuve, mit dans sa main l'hostie qu'il avait gardée dans la bouche. Il fut surpris et tenu de payer (n° 332). D'autres fois, après l'épreuve, le patient ouvre le sac dans lequel sa main est enfermée, et s'efforce sans doute de faire disparaître les traces de brûlure. Mais pour ouvrir le sac il faut rompre les sceaux apposés sur les attaches. La fraude est facile à reconnaître, et quand elle est reconnue l'épreuve est annulée (n°s 146, 309, 311). Souvent le patient se sent brûlé, et, avant l'ouverture du sac il prend la fuite ou se réfugie dans une église ayant droit d'asile. Il peut encore obtenir par ce moyen un arrangement, ou, s'il s'agit d'un crime emportant peine capitale, la vie sauve (n°s 18, 19, 100, 105, 120, 121, 150, 214, 216, 224, 259, 270, 319, 321).

Celui qui doit subir l'épreuve peut avoir un juste motif qui l'empêche de se présenter. Dans ce cas, il est excusé. Quelquefois il est dispensé de l'épreuve comme trop faible pour la supporter (n°s 67, 90, 92).

L'homme qui, se sentant brûlé, s'est réfugié dans une église, échappe ainsi à la peine, mais non aux restitutions et amendes. Ainsi le voleur ne sera point pendu, mais s'il est hors d'état de payer il sera vendu, comme débiteur insolvable, avec sa femme, ses fils et ses filles (n°s 150, 189).

Les clercs, même les simples diacres, sont admis à remplacer l'épreuve du fer rouge par celle du serment (n° 34). Le serment est exigé surtout dans les affaires civiles. Il se prête à Varad, devant le chapitre, sur la tombe de saint Ladislas (n°s 110, 125, 140, 157, 208, 209, 248, 323). Quelquefois le juge déclare s'en rapporter au serment qui sera prêté par un tiers, par exemple par un témoin, ou par la femme d'une des parties, ou par deux parents ou dix témoins, ou encore par quatre parents du défendeur lesquels seront désignés par le demandeur. Ce dernier cas est remarquable parce qu'il s'agissait d'un fait de recel, c'est-à-dire d'un crime. Il y en a un exemple dans un cas de meurtre (n° 74).

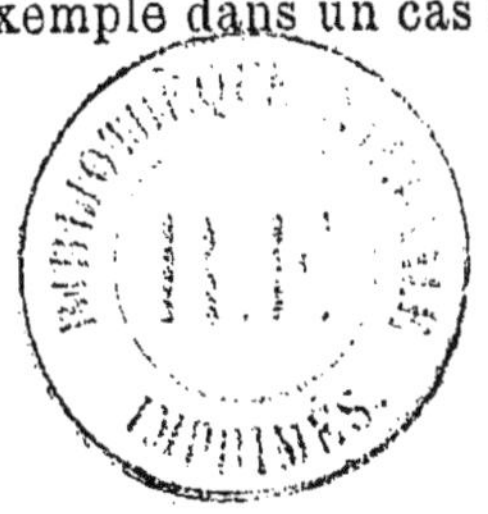

Une question d'état est tranchée par le serment de deux parents (n°s 209, 241, 244, 247, 266, 351).

Lorsqu'il s'agit d'une question de propriété, le serment prend un caractère étrange. Le réclamant se place sur le terrain même qui est en litige. Il prend une poignée de terre et la met sur sa tête, puis il prononce des imprécations contre lui-même et contre toute sa postérité (1).

Les crimes les plus fréquents sont le vol, le larcin ou vol avec violence, le meurtre, l'empoisonnement, l'incendie, les dommages causés aux propriétés, les coups e blessures.

Les procès civils sont en général relatifs à des questions d'état ou de propriété, quelquefois de douaire ou de succession. Souvent aussi il s'agit simplement du recouvrement d'une créance en argent, sans mention de la cause. On voit apparaître ici toutes les classes de la société, et elles étaient nombreuses en Hongrie, udvorniks, serfs, jobagions, *ministeriales regis, castrenses*, etc.

Dans certaines affaires il est question de cautions, et on voit clairement qu'en Hongrie on suivait, à l'égard des cautions, la règle du droit primitif, c'est-à-dire qu'elles étaient poursuivies avant le débiteur principal (n°s 86, 117).

Le voleur de chevaux ou de bestiaux est tenu de nommer son auteur et de le présenter. Celui-ci prend le fait et cause de son acheteur, et subit seul l'épreuve (n°s 168, 265, 274, 302).

(1) Ceci se trouve non dans le registre de Varad, mais dans de vieilles chartres publiées par l'Académie hongroise (Collection des documents relatifs à l'histoire de Hongrie, tomes 3 et 5). « Ad majorem tamen cautelam ipsum Grab super prædicta particula terræ personaliter constitutum ad personam suam et ad filios filiorum suorum jurare fecimus oribili juramento. » — « Sicut moris est jurare super terram, recipiendo terram, ad manus et ponendo super capita sua jurabunt. »

Il en est de même en matière d'occupation d'immeubles par la violence (n° 249).

Tous les actes importants de la vie civile peuvent être faits ou rapportés devant la Cour et reçoivent ainsi une solennité qui en assure l'exécution. Ce sont surtout les affranchissements d'esclaves, les ventes d'immeubles et les testaments qui sont passés en cette forme. Pour les transactions, c'est la règle. Dans les ventes, il est d'usage de faire intervenir le plus proche parent du vendeur qui donne son consentement et renonce ainsi au droit de retrait (n°s 342, 142). Le testament se fait verbalement devant le chapitre, sous la forme d'une adoption (n° 136).

On s'est souvent demandé ce qu'était en réalité l'épreuve. Y avait-il supercherie de la part des juges, ou bien le résultat était-il abandonné au hasard? Et dans ce dernier cas, comment le hasard pouvait-il être favorable? Comment le patient pouvait-il porter un fer rougi à blanc sans se brûler les mains? Nous voyons cependant que tout compte fait, l'épreuve subie faisait autant d'innocents que de coupables. L'explication suggérée par les indications du registre de Varad nous paraît être celle-ci : le fer était chauffé non au rouge blanc, mais à une température suffisante pour produire une brûlure du premier degré. L'épreuve durait à peine quelques secondes, et dans ces conditions la brûlure était légère. Elle pouvait facilement se guérir en quelques jours, et le plus ou moins de rapidité de la guérison décidait du sort du patient. Il ne faut pas oublier que la main qui avait porté le fer était enveloppée, après l'épreuve, dans une sorte de sac ou de gant, où elle restait pendant plusieurs jours, temps suffisant pour que la plaie, s'il y en avait une, se guérît complètement et sans laisser de trace. On ne voit pas qu'en aucun cas la brûlure ait été grave, ni qu'elle ait entraîné la perte d'un membre. Il n'est question que de voir s'il reste une cicatrice. Ainsi s'explique ce fait que les résultats positifs sont aussi nombreux que les négatifs, et cet autre fait que les parties ne manifestent aucune épouvante quand il s'agit de subir l'épreuve, et qu'elles trouvent des mandataires prêts à subir l'épreuve pour eux. Quant à la supercherie, il est possible qu'il y en eût, mais nous n'avons pas besoin de le supposer.

Le jugement de Dieu a été pratiqué en Hongrie jusque vers la fin du XIIIe siècle. La suppression des épreuves eut pour conséquence un changement dans la procédure. Au commencement du XIVe siècle, l'extinction de la ligne masculine dans la maison royale de Hongrie ayant fait passer la couronne à un prince de race française, Charles d'Anjou et de Naples, qui règna de 1310 à 1342, un des premiers soins du nouveau roi fut de réformer la procédure, et le modèle qu'il se proposa fut la procédure française. Cette tradition, expressément attestée par Werboczi (1), a été mal à propos contestée par quelques écrivains, tels que Fessler et Kelemen. On s'accorde généralement aujourd'hui à la tenir pour bien fondée. La Cour royale de Bude se modela donc, en quelque sorte, sur le Parlement de Paris. Comme lui, elle eut son style et ses formules.

Celles-ci ont été recueillies et mises en ordre, sous le règne de Louis Ier, le deuxième des princes angevins (1342-1382), par un légiste dont le nom est demeuré inconnu (2). Si le fond du droit reste toujours le même, comme on le voit par la comparaison des actes de tout genre et de toute époque qui remplissent aujourd'hui plusieurs volumes des *Monumenta Hungariæ historica*, du moins on peut mesurer

(1) Voici les paroles mêmes de Werboczi, livre II, titre 6, § 12. « Processus iste judiciarius et usus processuum quem in causis inchoandis, prosequendis, discutiendis et terminandis observamus, regnante ipso domino Carolo rege, per eumdem ex Galliarum finibus in hoc regnum inductus fuisse perhibetur. »

(2) Ce recueil découvert par Kovachich dans la bibliothèque de Vienne et publié par lui en 1799, contient 246 formules et porte le nom d'*Ars Notarialis*.

les progrès accomplis par la procédure civile et criminelle. L'épreuve du fer rouge a disparu. Le duel judiciaire subsiste encore, même dans les procès purement civils, comme les revendications, mais sous une forme adoucie. L'ancienne forme, celle du combat à mort, sans armes défensives, est devenue un objet d'horreur. On ne la tolère que par exception. La preuve se fait en général par témoins, et, à défaut, par le serment. Le témoignage doit toujours être appuyé par l'affirmation unanime d'un certain nombre de cojureurs. On en compte parfois jusqu'à deux cents, mais le juge n'en entend jamais plus de trois. Les autres se contentent de lever la main. D'autres formules nous font assister à des poursuites criminelles, et particulièrement au règlement de la composition pécuniaire, qui met fin à toutes poursuites.

La législation de la Hongrie a donc subi, de bonne heure, une influence française. Ce ne fut pas la seule. Nous avons déjà vu que le droit canonique était appliqué par les tribunaux ecclésiastiques dont la compétence s'étendait à des matières très diverses, et, entre autres, aux testaments. Les colons allemands qui fondèrent des villes en Hongrie apportèrent aussi dans ce pays leurs habitudes et leurs coutumes, et on trouve dans le droit de la bourgeoisie quelques traces d'origine germanique. Quant au droit romain, il ne fut jamais autre chose en Hongrie qu'un objet d'étude, propre à former et à développer l'esprit des jurisconsultes. Il ne pénétra pas dans la pratique. Tandis que l'Allemagne l'adoptait à titre de droit commun, la Hongrie le repoussait, et codifiait son droit national.

Ce travail de codification paraît dater du XVe siècle, et commença par le droit des villes ou de la bourgeoisie. Il y avait en Hongrie huit villes privilégiées, Bude, Pesth, Kaschau, Bardfa, Tyrnau, Presbourg, Epéries et Sopronia (Œdenburg). Après la conquête de Bude et de Pesth par les

Turcs, le nombre des villes libres se trouva réduit à six. On en créa une septième qui fut Zakolcza. Chacune de ces villes avait sa juridiction particulière, civile et criminelle, composée du juge et de douze assesseurs jurés tous nommés pour un an par l'assemblée municipale, composée généralement de cent personnes. Ce tribunal désigne à son tour un *judex minor* pour l'expédition des petites affaires. Au-dessus de ces tribunaux est une cour d'appel pour les affaires importantes. Elle est composée du *magister tavernicorum*, et de juges députés, un par chaque ville libre.

L'institution de cette Cour devrait conduire tôt ou tard à la codification du droit qu'elle était chargée d'appliquer. Et en effet, dès le XVe siècle, on voit apparaître un recueil intitulé : *Droit civil et coutumes des huit anciennes villes libres de la Hongrie* (1). Il est divisé en quatre livres dont le premier traite des successions, le second du sang versé, le troisième des testaments, et le quatrième des dettes. Quoique dépourvu de caractère officiel, ce livre paraît avoir eu en fait toute l'autorité d'un code.

En matière civile, le défendeur est cité par le juge à jour fixe. L'affaire peut être remise à un autre jour, par deux fois. A la troisième audience elle est nécessairement jugée, que le défendeur comparaisse ou non. Si le demandeur ne fait pas sa preuve, soit par témoins, soit par lettres, le défendeur est admis à faire serment qu'il ne doit rien. En cas de condamnation, il n'est pas question d'exécution contre la personne du débiteur. On le met d'abord en demeure de payer. S'il n'a pas d'argent ni d'or, et s'il déclare avec serment qu'il n'en a pas, le juge saisit les meubles, puis la maison de ville, puis les terres du débiteur, et les adjuge au

(1) Ce recueil a été publié en 1803 par le savant Kovachich, avec d'autres pièces concernant la juridiction du *magister tavernicorum* sous ce titre : *Codex authenticus juris tavernicalis.*

créancier, sur estimation, jusqu'à due concurrence. A Pesth on observe, à ce sujet, une coutume singulière : quand le débiteur n'a pas d'argent pour payer, on détache de sa maison un morceau de bois ou de pierre sur lequel on écrit le lieu, la date, le chiffre de la dette, les noms du créancier et du débiteur; on enveloppe cet objet dans une cédule descriptive, et on le remet au créancier qui le garde un an et un jour. Ce délai expiré, le créancier représente son gage, et le juge fait estimer la maison par deux experts. Si le débiteur ne s'acquitte pas dans les quinze jours de l'expertise, la maison est adjugée au créancier en toute propriété. Il en est du reste ainsi de toute espèce de gage, même du gage conventionnel. Le créancier non payé retient en paiement de sa créance et d'après estimation la chose engagée, avec cette seule réserve que lorsqu'il s'agit d'une maison, les parents du débiteur, et à leur défaut les voisins, ont un droit de retrait.

Les ventes d'immeubles ont lieu en général par devant témoins et en présence du tribunal. Les tiers qui prétendent avoir des droits sur les immeubles vendus peuvent les faire valoir pendant un an et un jour. Passé ce délai ils sont forclos. Les frères, les parents par le sang, les amis, les voisins ont un droit de retrait. Si l'acheteur est un forain qui refuse de venir habiter la ville, le retrait peut être exercé par tout habitant. La femme ne peut aliéner les biens propres qui lui proviennent de son père et de son aïeul; du moins elle peut faire révoquer les aliénations consenties par elle. Il lui suffit de déclarer qu'elle a été contrainte par son mari. Les tuteurs ou exécuteurs testamentaires ne peuvent non plus aliéner les immeubles appartenant à des mineurs. En général les parties ne peuvent revenir sur leur consentement, et toute vente est irrévocable, sauf l'action résolutoire du vendeur en cas de non paiement du prix.

Liberté absolue de tester, en ce qui concerne les acquêts,

mais quant aux propres, provenant du père ou de l'aïeul, il est interdit d'en disposer au préjudice de la femme et des enfants. Les biens propres ne peuvent même être aliénés entre vifs qu'en cas de nécessité absolue. Le mari ne peut ni aliéner par acte entre vifs, ni donner par testament les biens compris dans le douaire de sa femme. Mais le mari et la femme peuvent librement disposer, soit entre vifs, soit par testament, des biens qui leur sont advenus pendant le mariage, même par succession.

Au décès de l'un des époux, s'il y a des enfants, tous les biens sont dévolus à l'époux survivant et aux enfants. S'il y a partage, l'époux survivant prélève le mobilier qui garnit la maison, les filles mariées rapportent les sommes dépensées pour les frais de leur noce, et la masse se divise par portions égales entre l'époux survivant et tous les enfants, filles ou garçons.

Le mari peut disposer, par testament, des acquêts faits pendant le mariage, pourvu que la femme y consente. Mais la femme peut s'y opposer et réclamer pour elle la moitié des acquêts. En d'autres termes la coutume institue entre les époux le régime de la communauté d'acquêts.

L'enfant qui tient une mauvaise conduite est incapable de recueillir sa part héréditaire. Il en est de même de l'hérétique. La femme notoirement infidèle ne peut disposer de ses biens, qui sont dévolus au mari. Les enfants naturels ne peuvent concourir avec les enfants légitimes. Les enfants dont la conduite est bonne ne peuvent être déshérités, mais ceux qui ont encouru de graves reproches peuvent être exclus, avec l'autorisation du tribunal. Enfin la coutume prévoit et décrit la démission de biens, ou bail à nourriture, dont la révocation peut toujours être prononcée par le tribunal lorsque le preneur n'exécute pas fidèlement ses obligations.

En droit criminel il ne reste plus que quelques vestiges de la législation de saint Etienne et de Ladislas. Les crimes sont énumérés et définis avec précision. La peine capitale est fréquemment appliquée. Elle s'exécute de toutes les manières : par la hache, le bûcher, la roue, la potence, du moins pour les hommes, car pour les femmes on les noie dans un sac ou on les enfouit. Les autres peines sont l'amende, qui se paie par moitié au juge et par moitié à la partie lésée, et en certains cas exceptionnels l'amende honorable, le bannissement, le fouet, la marque et la mutilation de l'oreille ou de la main. La peine du vol est graduée suivant la valeur de l'objet volé ; il n'entraîne la peine capitale que si cette valeur dépasse quatre florins d'or. De même l'amende varie suivant les circonstances, mais la loi fait elle-même l'appréciation par avance, et ne s'en rapporte pas à l'estimation du tribunal. Il y a un prix fixe pour chaque mot injurieux, pour chaque coup, pour chaque membre lésé. S'il y a une plaie, on sait quelle doit en être la longueur et la profondeur. Si la barbe a été arrachée, on compte les poils et chaque poil vaut un mark.

Toutes ces dispositions sont assez rigoureuses, mais il faut ajouter que l'application n'en est pas toujours exigée. En général, la peine n'est prononcée que sur la poursuite exercée par la partie lésée. Or, non seulement cette partie peut transiger, mais souvent c'est le juge lui-même qui conseille la transaction. En cas de simple meurtre, par exemple, le juge doit interpeller à trois reprises la partie poursuivante, et lui demander si elle insiste pour obtenir une condamnation. « Mon brave homme, lui dira-t-il, ou ma brave femme, que gagneras-tu à la mort de cet homme ? Est-ce que cela te rendra ton mari ou ton frère ? (1) »

(1) Lib. III, cap. 61, *de homicidio :* « ...Mitibus sermonibus obviari actori ne festinet in mortem ipsius homicidae... Judex actorem debet inquirere utrum sua jura contra homicidam petit effectui mancipari, qui si responderit quod vult, judex tanquam misericordia motus compatiendo

Si le poursuivant insiste, la condamnation est prononcée, et exécutée, mais la loi et le juge ont tout fait pour éviter cette extrémité.

Il y a pourtant un cas, un seul, où le procès peut-être instruit d'office. C'est celui où un meurtre a été commis sur la personne d'un forain qui n'a ni parents, ni amis, dans la ville. Alors c'est le juge lui-même qui remet ses pouvoirs au juge inférieur, descend de son siège et se transforme en accusateur. On peut aussi, en cas d'homicide, prononcer une condamnation par contumace, et cette condamnation est définitive. Le contumax peut être mis à mort en quelque lieu qu'il soit rencontré.

L'accusateur est tenu de faire la preuve, et il la fait par les moyens ordinaires, c'est-à-dire par les témoignages ou indices. Mais s'il ne la fait pas, l'accusé n'est pas nécessairement absous. En certains cas il est mis à la question ; d'ordinaire on exige de lui un serment, et suivant la gravité du cas, un certain nombre d'assistants ou de cojureurs. Pour le meurtre, par exemple, la loi veut que l'accusé se présente, lui centième, et qu'il jure lui quarantième. Enfin si l'accusé s'évade de la prison où il est détenu privativement, il est par là même tenu pour coupable.

Une disposition remarquable, et qui se retrouve dans les lois suédoises est celle-ci. Lorsqu'un meurtre a été commis par plusieurs personnes, en troupe, l'accusateur ne peut en poursuivre qu'une seule comme auteur principal, une autre comme second auteur, ayant encouru seulement la moitié de l'amende, un troisième comme *auxiliator specialis* passible d'une amende moins forte. Les autres ne peuvent être que des complices, et ne jouent qu'un rôle secondaire au procès.

Le livre dont nous venons de parler ne concernait encore

debebit dicere : Bone vir, aut Bona mulier, quid tibi auxiliabitur de morte hujus viri ? Numquid resurget ipso faeto vir tuus vel frater ? »

que le droit d'une certaine classe de la population. Il restait à accomplir une œuvre plus difficile, la rédaction de la coutume générale du royaume. Au commencement du XVIe siècle un jurisconsulte distingué qui avait étudié le droit romain à Vienne, mais qui avait appliqué le droit national comme juge, Étienne de Werboczi, lieutenant du roi, entreprit ce travail, par l'ordre du Roi Ladislas auquel il le présenta en 1514. Ladislas l'approuva, mais mourut avant d'avoir pu le promulguer, et quelques années après la monarchie hongroise périssait à la bataille de Mohacz. Le livre de Werboczi n'en eut pas moins d'autorité, et aujourd'hui encore l'*opus tripartitum* — c'est le titre sous lequel il fut publié — forme la base du droit civil hongrois.

La première partie traite des droits de la noblesse. Elle se transmet par le père, et peut toujours être créée par le Roi, qui fait des nobles à volonté. Les nobles ont quatre droits fondamentaux : 1° Ils ne peuvent être détenus qu'en vertu d'un jugement, après avoir été cités et entendus, sauf les cas de crimes atroces, tels qu'assassinat, incendie, viol, brigandage, et encore à condition qu'ils soient pris en flagrant délit, sur le lieu même. 2° Ils ne doivent obéissance qu'au prince légitimement couronné. Ce prince même n'a aucun pouvoir ni sur leurs personnes ni sur leurs biens si ce n'est dans les cas et suivant les formes de la loi. 3° Ils ne doivent aucune taxe ni redevance quelconque, et ne sont astreints qu'au service militaire. 4° Enfin ils ont le droit de résistance contre toute atteinte portée aux droits reconnus par la bulle d'or.

Tous les biens des nobles sont censés provenir de donation royale. Ils font retour à la couronne en cas de déshérence et peuvent être confisqués en cas de félonie. Les nobles ne peuvent ni les aliéner, ni les hypothéquer au delà d'une certaine somme sans la permission du Roi.

Les biens se distinguent en propres, *bona avita*, et

acquêts. Chacun peut disposer librement de ses acquêts ; mais, pour les propres, le père ne peut les aliéner que du consentement de ses fils.

Le père a la puissance paternelle sur les filles jusqu'à leur mariage, sur les fils jusqu'au partage. Le père et les fils sont en quelque sorte co-propriétaires et vivent en commun ; mais, en cas d'abus, ils peuvent respectivement exiger le partage. Il est bien entendu que les acquêts ne font pas partie de cette communauté, et que chacun garde les siens.

La majorité complète est fixée à l'âge de vingt-quatre ans, mais avant cet âge, le mineur acquiert progressivement certains droits. Ainsi à douze ans il peut ester en justice, à seize ans il peut s'obliger, à dix-huit ans il peut aliéner tous biens autres que des immeubles. Les filles ont les mêmes droits à douze, quatorze et seize ans.

La succession est dévolue aux fils d'abord, puis aux frères et collatéraux. Elle se partage également. Toutefois la maison paternelle est attribuée au plus jeune pour sa résidence et son habitation. Quant au filles elles n'ont aucun droit sur les fiefs, mais elles prennent, quel que soit leur nombre, le quart de la succession, à partager entre elles. En se mariant, d'ailleurs, elles reçoivent une dot, et les biens qu'elles apportent ainsi en mariage peuvent être dotaux ou paraphernaux.

En matière de possession il est permis de repousser la force par la force pendant un an. Quant au droit de propriété, la prescription est de cent ans pour le Roi, de quarante ans pour l'Église, de trente-deux ans pour les nobles, de douze ans, et même, en certains cas, d'an et jour pour les bourgeois.

Les femmes sont soumises à une tutelle perpétuelle, c'est-à-dire qu'elles ne peuvent agir seules. La tutelle des mineurs est légale, testamentaire ou dative. Elle appartient de plein droit à la mère non remariée.

Au premier livre est annexé un tarif d'évaluations légales qui doit être fort ancien, car il remonte à une époque où la monnaie était rare, et où, comme dans l'ancienne Rome, le bétail servait de mesure à toutes les valeurs d'échange. L'unité est le bœuf, qui vaut un mark. Une vache et son veau, ou quatre porcs, ou quatre moutons, valent autant qu'un bœuf. Une charruée de terre vaut trois marks, ou, si l'on veut, trois bœufs.

Le deuxième livre de l'*opus tripartitum* est consacré à l'exposition de la procédure civile et criminelle, c'est-à-dire de cette procédure qui, comme nous l'avons déjà dit, paraît avoir été empruntée à la France, au moins dans ses traits généraux. La marche en est simple : celui qui veut exercer une action en justice s'adresse d'abord au juge, et c'est le juge qui fait assigner la partie, par commission du Roi. Les nobles sont cités personnellement, les non nobles en la personne de leur maître, qui est tenu de les représenter. Il est donné, pour comparaître, un certain délai, passé lequel intervient condamnation par défaut. Si les deux parties comparaissent, elles s'expliquent contradictoirement, après quoi on administre la preuve. On entend d'abord les témoins. L'enquête terminée et le procès-verbal dressé, on passe aux serments. Le droit de faire preuve par son serment appartient, suivant les cas, et suivant le résultat de l'enquête, tantôt au demandeur, tantôt au défendeur. Le demandeur jure lui cinquantième. Quant au défendeur, il est aussi tenu de fournir des co-jureurs, mais généralement moitié moins. Leur nombre descend jusqu'à trois quand il n'y a pas d'enquête. Le défendeur peut même jurer seul quand il est poursuivi pour dette d'argent, sans titre. S'il y a contestation seulement sur le chiffre, c'est le demandeur qui prête serment avec autant de co-jureurs que la dette compte de marks. Les co-jureurs doivent être nobles. On peut les récuser comme non nobles ou infâmes, mais en s'exposant à une amende de 200 florins d'or. Un paysan n'est cru sur son serment que jusqu'à la valeur d'un florin.

A côté de cette procédure, Werboczi en décrit une autre plus simple et en même temps plus efficace, c'est ce qu'il appelle *oculata revisio* ou descente sur les lieux. Lorsqu'il s'agit d'un immeuble occupé par violence le juge se transporte sur les lieux, convoque les voisins et reçoit leur témoignage. Il prononce ensuite immédiatement la sentence capitale ou l'amende, et fait exécuter sa décision sur-le-champ, sans qu'il y ait lieu de faire prêter aucun serment.

La peine capitale est réservée pour les crimes les plus graves. En général la peine est une amende par laquelle le coupable est censé se racheter. Elle est de 400 florins pour un prélat ou un baron, et de 200 florins pour tout autre noble. (Le florin vaut 1/4 de mark). Il y a aussi des amendes spéciales pour certains délits. Ainsi pour la calomnie 200 florins, pour les injures 100 florins, à titre d'*emenda linguæ*, pour la rébellion 72 florins, ou un marc d'or. Primitivement chacun des auteurs de la rébellion payait une amende entière, mais, au temps de Werboczi, il n'en est plus exigé qu'une, quel que soit le nombre des coupables. L'ancien droit ne considérait comme rebelle que celui qui avait tiré l'épée. Werboczi atteste que de son temps on assimile à la rébellion toute résistance faite avec une arme ou par des moyens violents.

Le condamné peut demander un nouveau jugement, pour cause d'erreur du juge, ou en désavouant son procureur. La cause est alors décidée d'urgence et sans aucune remise. Les jugements sont assujétis à des formes rigoureuses. L'omission d'un seul mot, d'une seule lettre, suffit pour en entraîner la nullité.

Le livre III contient des dispositions particulières pour certaines provinces ou pour certaines classes d'habitants. Ainsi l'*homagium*, c'est-à-dire le prix moyennant lequel un coupable peut racheter sa vie, est fixé pour l'Esclavonie à cent florins d'or seulement, c'est-à-dire à la moitié du prix d'un noble hongrois ; il est de 66 florins dans la Transylvanie, et de 25 florins seulement dans le pays des Szeklers. L'*homagium* est toujours le prix du sang, mais le sang dont il s'agit ici est celui du meurtrier, et non celui de la victime. Werboczi fait ressortir ce caractère de la loi hongroise « *Nonnulli dicunt homagium pretium esse hominis interempti* » mais, dit-il, cette opinion est absurde, *nam mortuus nullo pretio redimi et a mortuis suscitari potest.* *L'homagium* est l'estimation du meurtrier lui-même, *quæ talis est ut homicidæ redimant se ab his quibus competit, juxta æstimationem capitum suorum.*

L'*homagium* des bourgeois est le même que celui des nobles, mais, au point de vue du serment, la loi fait entre les deux classes une grande différence. Le serment des bourgeois n'est reçu que jusqu'au taux d'un florin, à moins qu'il ne s'agisse d'une créance non prouvée par titre.

La transmission des immeubles entre bourgeois se fait par la prise de possession suivie d'une *fassio* ou déclaration publique. A partir de ce moment les tiers ont un an et jour pour réclamer, après quoi ils sont forclos. Werboczi atteste que de son temps la prescription d'an et jour se répand de plus en plus, *villanorum more*, et remplace la prescription de douze ans.

En cas d'usurpation commise de force le possesseur troublé ou évincé peut se défendre, et même reprendre la possession par la force, pendant une année. Ainsi c'est une guerre qui dure un an. Werboczi n'a pas besoin de nous dire qu'il en est ainsi *de vetusta consuetudine regni.*

L'*homagium* des jobagions ou vilains est de 40 florins, sur lesquels le juge ne prend rien. La somme entière est payée à la partie adverse. Le vilain fait preuve par son serment, en jurant lui quarantième avec d'autres vilains comme lui, et même, suivant les cas, lui vingtième, ou lui dixième.

Le débiteur insolvable est livré par son seigneur au créancier qui peut le tenir quinze jours en prison sans être tenu de lui fournir des aliments. Après ce délai le débiteur peut sortir de prison, en s'engageant, avec caution, à payer chaque semaine à son créancier le tiers de tout ce qu'il pourra gagner soit en travaillant, soit même en mendiant. S'il refuse de faire cette promesse, ou s'il ne la tient pas, il est réduit en servitude. Werboczi nous apprend que, primitivement, la dette non payée croissait au double, mais que cette rigueur a été supprimée.

La terre appartient aux seigneurs. Les paysans ne sont point propriétaires. Ils ont néanmoins sur leurs cultures un droit qu'ils peuvent vendre ou léguer à qui bon leur semble, et que le seigneur est tenu de racheter s'il veut reprendre le fonds. Un paysan ne peut plaider contre un noble que par l'intermédiaire de son seigneur.

La succession des paysans est soumise à la loi du partage égal entre tous les enfants, filles ou garçons. Toutefois la fille mariée qui a reçu une dot est censée avoir reçu sa part. La veuve hérite de tous les biens acquis en commun par les deux époux. Le paysan qui ne laisse pas d'héritier légitime peut tester, mais de ses meubles seulement et de la moitié des acquêts. Les propres et l'autre moitié des acquêts profitent au seigneur, qui liquide la succession et acquitte les dettes. Si le testateur laisse un fils de moins de douze ans, il peut faire une sorte de substitution pupillaire.

Lorsque des bestiaux sont trouvés en délit, le propriétaire du terrain peut les saisir et les garder trois jours, après quoi il doit les remettre au comte ou au juge. Quant aux animaux volés ils peuvent être revendiqués contre tout détenteur. Ce dernier est tenu de justifier, par témoins, d'une acquisition régulière. S'il ne fait pas cette preuve, le demandeur est admis à faire serment, lui troisième, et obtient ainsi la restitution. Le défendeur qui ne peut pas produire son garant est pendu comme voleur. Par une exception remarquable, toute revendication est suspendue au sujet des chevaux emmenés à la guerre.

Le livre de Werboczi, dont nous venons de donner un trop rapide aperçu, peut être considéré comme le dernier monument de la législation nationale en Hongrie. A peine était-il paru que les Turcs envahissaient le pays et que la monarchie hongroise périssait à Mohacz. Pendant près de deux siècles les Turcs occupèrent une partie de la Hongrie. Le reste appartînt à la maison d'Autriche qui, après une lutte prolongée, finit par expulser les envahisseurs. Avec les Autrichiens l'influence allemande pénétra en Hongrie et les lois nouvelles se modelèrent sur le type germanique. L'ancienne procédure orale fut remplacée par une procédure écrite. En matière criminelle on eut le secret et l'inquisition. Le droit civil put toutefois se maintenir. Le gouvernement autrichien crut bien pouvoir profiter de sa victoire, après les évènements de 1848, pour introduire en Hongrie le code civil autrichien de 1811, mais le compromis de 1867 a renoué la tradition violemment interrompue. L'ancien droit, écrit ou non, a été restauré comme n'ayant jamais été valablement abrogé. Le nouveau gouvernement de la Hongrie a déjà rédigé un code pénal, un code d'instruction criminelle, et un code de commerce. Il prépare en ce moment un code civil et un code de procédure. Dans quelques années, la Hongrie aura ce qui lui a manqué depuis trois siècles : une législation nationale.

R. Dareste.

www.ingramcontent.com/pod-product-compliance
Ingram Content Group UK Ltd.
Pitfield, Milton Keynes, MK11 3LW, UK
UKHW020949220726
13924UKWH00002B/593